국어의 기초가 딱 잡히는 초등 어휘 따라쓰기

어린이 따라 쓰기 시리즈 7

국어의 기초가 딱 잡히는
초등 어휘 따라쓰기

지은이 장은주, 김정희
그린이 윤혜영
펴낸이 정규도
펴낸곳 (주)다락원

초판 발행 2017년 5월 24일
4쇄 발행 2023년 5월 15일

편집총괄 최운선
책임편집 김경민
디자인 All Contents Group

다락원 경기도 파주시 문발로 211
내용문의 (02) 736-2031 내선 275
구입문의 (02) 736-2031 내선 250~252
Fax (02) 732-2037
출판 등록 1977년 9월 16일 제406-2008-000007호

Copyright ⓒ 2017, 장은주·김정희

ISBN 978-89-277-4652-2 64710
        978-89-277-4627-0 64080(set)

http://www.darakwon.co.kr
다락원 홈페이지를 통해 인터넷 주문을 하시면 자세한 정보와 함께 다양한 혜택을 받으실 수 있습니다.

국어의 기초가 딱 잡히는 초등 어휘 따라쓰기

장은주, 김정희 지음

다락원

어휘력이 강해지면
초등 국어가 탄탄해집니다.

모국어는 흔히 '감(感)으로 한다.'라고 말합니다.

그러나 요즈음 아이들은 모국어의 감을 키우기도 전에 외국어와 비속어 등에

많이 노출되어 제대로 된 모국어의 감을 키우지 못하고 있습니다.

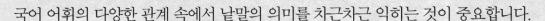

국어의 감을 키우기 위해서는 어휘력이 강해져야 합니다.

그러나 낱말의 사전적 의미만을 알아서는 부족합니다.

국어 어휘의 다양한 관계 속에서 낱말의 의미를 차근차근 익히는 것이 중요합니다.

유의어, 반의어, 다의어, 동음이의어……

이름만 들어서는 모두 어렵고 낯설게 느껴지지만, 초등 국어에 꼭 필요한 어휘 관계를 나타내는 말

들입니다.

이 책은 초등학생이 꼭 알아야 할 국어의 어휘 관계를 중심으로 내용을 구성하였습니다.

어휘 관계를 통해 어휘력을 키우면, 초등 국어의 기초가 탄탄해지고

나아가 독해력까지 향상될 수 있습니다.

다양한 경험이 차곡차곡 쌓이면 우리 아이의 국어 생활은 더욱 풍부해집니다.

이 책이 하나의 양분으로 보태어지기를 바랍니다.

지은이 **장은주, 김정희**

어휘력,
이렇게 키워 보세요!

1. 그림으로 먼저 친해지기!

★ 비슷한 관계의 낱말끼리 묶어서 그림으로 살펴보면
   어휘 관계가 한결 쉬워져요.

★ 국어 낱말을 그림으로 먼저 살펴봐요.
   모르는 낱말도 그림을 통해 뜻을 쉽게 이해할 수 있어요.

---

2. 따라 쓰며 익히기!

★ 낱말을 활용한 문장을 바르게 두 번 따라 써요.
   낱말이 문장 속에서 어떻게 활용되는지 알 수 있어요.

★ 문장 속에서 낱말의 쓰임을 알면
   독해력도 자연스럽게 좋아져요.

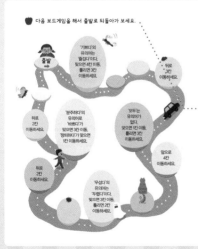
3. 문제로 마무리하기!

★ 다양한 문제로 재미있게 어휘 관계를 익혀요.
   선 긋기, 사다리 타기, 보드게임 등 다양한 문제를
   풀다 보면 억지로 외우지 않아도 어휘 관계를
   쉽게 이해할 수 있어요.

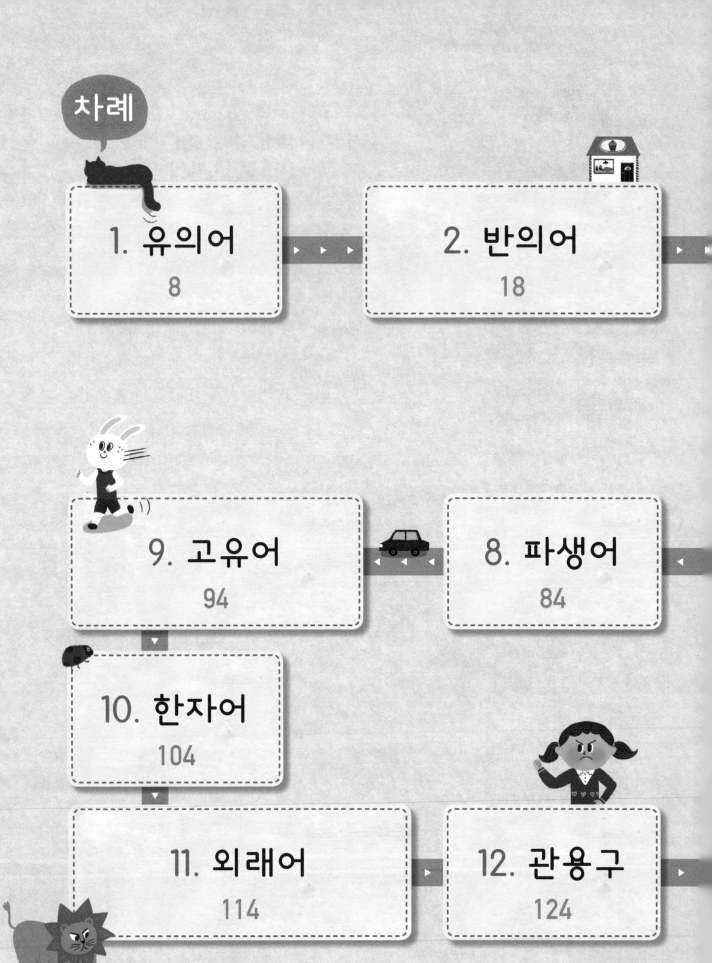

1. 유의어

뜻이 서로 비슷한 낱말을 뜻해요.

서로 비슷한 말1

가족 … 식구

밥 … 진지

곤충 … 벌레

마을 … 동네

꼬리 … 꽁무니

끈 … 줄

우리 가족은 항상 화목하다.

할머니, 진지 드세요.

곤충 채집을 하러 밖에 나갔다.

우리 마을에는 산이 많다.

누가 고양이 꼬리에 방울을 달았지?

운동화 끈을 묶었다.

다음 낱말과 뜻이 비슷한 낱말을 빈칸에 써 보세요.

①
마을

②
끈

③
꼬리

④
가족

⑤
곤충

⑥
밥

서로 비슷한 말 2

길 … 거리

기쁘다 … 즐겁다

모두 … 전부

무섭다 … 두렵다

부끄럽다 … 창피하다

분주하다 … 바쁘다

혼자서 길을 걸었다.

놀이공원에 가게 되어서 기쁘다.

가족 모두가 식탁에 둘러앉았다.

나는 거미가 무섭다.

쓰레기를 아무 데나 버린 것이 부끄러웠다.

눈코 뜰 사이 없이 분주하다.

다음 보드게임을 해서 출발로 되돌아가 보세요.

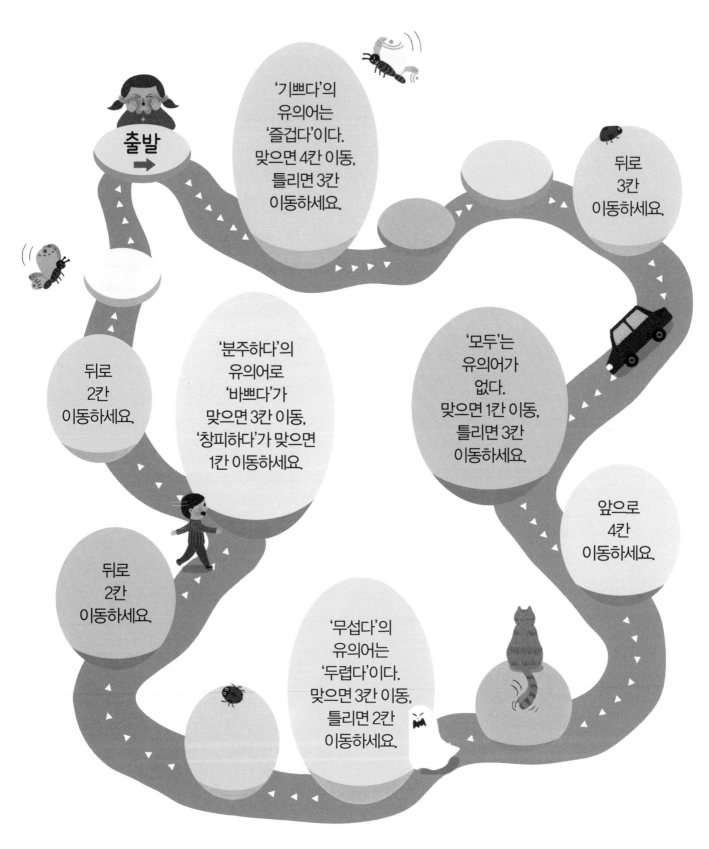

출발 ➡

'기쁘다'의 유의어는 '즐겁다'이다. 맞으면 4칸 이동, 틀리면 3칸 이동하세요.

뒤로 3칸 이동하세요.

뒤로 2칸 이동하세요.

'분주하다'의 유의어로 '바쁘다'가 맞으면 3칸 이동, '창피하다'가 맞으면 1칸 이동하세요.

'모두'는 유의어가 없다. 맞으면 1칸 이동, 틀리면 3칸 이동하세요.

앞으로 4칸 이동하세요.

뒤로 2칸 이동하세요.

'무섭다'의 유의어는 '두렵다'이다. 맞으면 3칸 이동, 틀리면 2칸 이동하세요.

서로 비슷한 말 3

나이 … 연세

고치다 … 수리하다

잎 … 잎사귀

바람 … 소원

마당 … 뜰

얼굴 … 낯

✏️ 다음 문장을 바르게 따라 써 보세요.

아저씨께서는 연세가 많으시다.

고장 난 컴퓨터를 고쳤다.

감나무 잎이 뚝 떨어졌다.

나의 바람은 통일이다.

암탉이 마당으로 뛰쳐나왔다.

수희가 얼굴을 붉혔다.

다음 낱말 중에서 뜻이 다른 낱말에 ○표를 해 보세요.

소원

소식   바람

잎

잎사귀   줄기

얼굴

이마   낮

마당

뜰   울타리

나이

연세   나비

사다

수리하다   고치다

2. 반의어

뜻이 서로 정반대되는 낱말을 뜻해요.

서로 반대되는 말1

가깝다 vs 멀다

빠르다 vs 느리다

적다 vs 많다

작다 vs 크다

춥다 vs 덥다

낮다 vs 높다

다음 문장을 바르게 따라 써 보세요.

서울과 수원은 가깝고, 서울과 제주도는 멀다.

토끼는 빠르고, 거북이는 느리다.

말수는 적지만, 인정이 많다.

나는 키가 작고, 우리 형은 키가 크다.

겨울은 춥고, 여름은 덥다.

앞산은 낮고, 뒷산은 높다.

❶ 가 깝 다   VS   ☐ ☐

❷ ☐ ☐ ☐   VS   느 리 다

❸ 적 다   VS   ☐ ☐

❹ ☐ ☐   VS   크 다

❺ ☐ ☐   VS   덥 다

❻ 낮 다   VS   ☐ ☐

서로 반대되는 말 2

남자 vs 여자

가다 vs 오다

켜다 vs 끄다

짧다 vs 길다

기쁘다 vs 슬프다

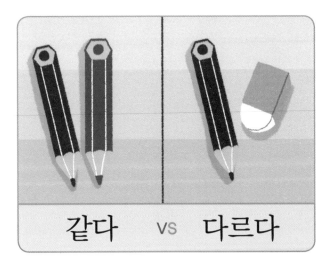

같다 vs 다르다

아빠는 남자이고, 엄마는 여자이다.

짝꿍이 전학을 가고, 새로운 친구가 왔다.

텔레비전을 켜고, 라디오를 껐다.

토끼는 앞발이 짧고, 뒷발이 길다.

기쁠 때도 있고, 슬플 때도 있다.

우리는 성은 같고, 이름이 다르다.

다음 낱말 중에서 뜻이 반대되는 낱말에 ◯표를 해 보세요.

남자　vs　남성
　　　　　　여자　　켜다　vs　끄다
　　　　　　　　　　　　　　　잠그다　　기쁘다　vs　웃다
　　　　　　　　　　　　　　　　　　　　　　　　슬프다

다음 물음을 읽고 맞는 것은 ◯, 틀린 것은 ✕로 선택해 보세요.

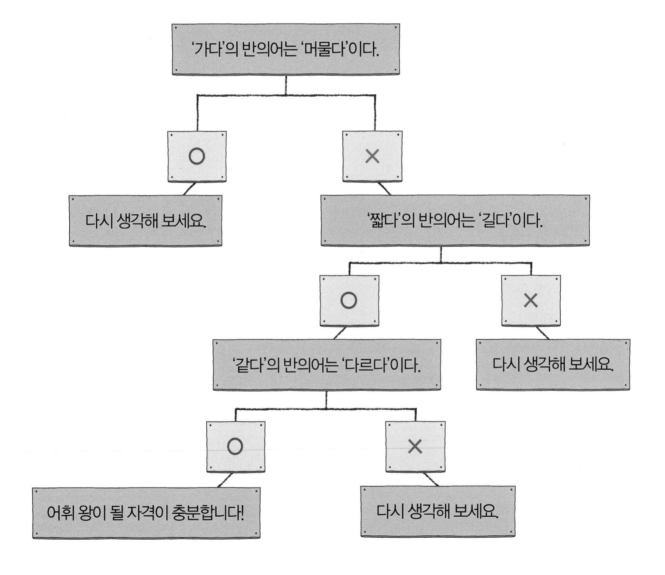

서로 반대되는 말 3

가볍다 vs 무겁다

입다 vs 벗다

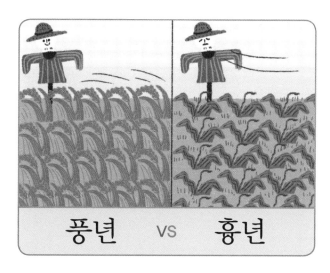

풍년 vs 흉년

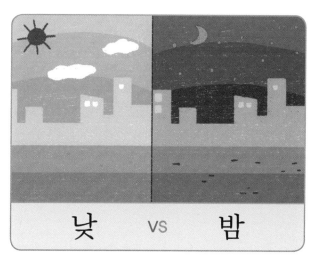

낮 vs 밤

열다 vs 닫다

게으르다 vs 부지런하다

기름은 물보다 가볍고, 물은 기름보다 무겁다.

바지를 입고, 외투를 벗었다.

작년에는 풍년이었는데, 올해는 흉년이다.

낮에는 해가 뜨고, 밤에는 달이 뜬다.

창문을 열고, 방문을 닫았다.

형은 게으르고, 나는 부지런하다.

🍎 뜻이 반대되는 낱말끼리 짝을 지어 보세요.

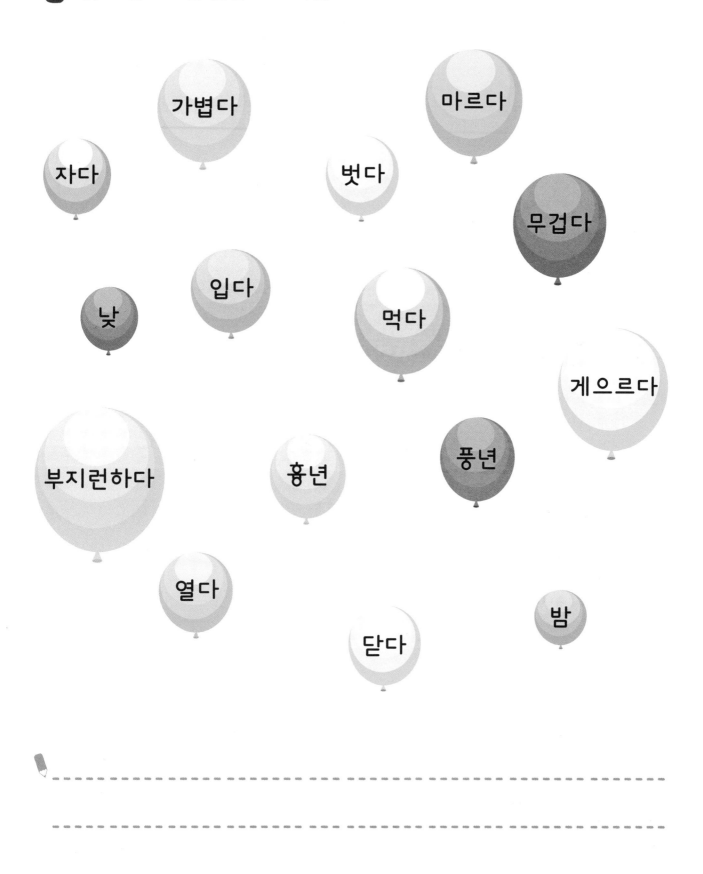

3. 상의어·하의어

한 낱말의 뜻이 다른 낱말을 포함할 때,
포함하는 낱말은 '상의어',
포함되는 낱말은 '하의어'라고 해요.

포함하는 말과 포함되는 말1

식물

무궁화

선인장

소나무

장미

동물

기린

고래

사슴

펭귄

교통수단

버스

여객선

비행기

기차

운동

수영

축구

야구

농구

무궁화, 선인장, 소나무, 장미는 모두 식물이다.

동물원에서 기린, 고래, 사슴, 펭귄을 보았다.

버스, 여객선, 비행기, 기차 같은 교통수단이

있어서 편리하다.

나는 운동 중에서 수영과 축구를 매우 잘하고,

야구와 농구를 못한다.

다음 상의어에 포함되는 하의어를 찾아 ○표를 해 보세요.

식물

선	인	장	끼	리
백	거	소	나	무
지	수	무	비	갈
구	궁	민	장	미
화	장	고	밭	방

무궁화	선인장	소나무	장미

동물

기	강	고	래	구
린	떡	가	친	버
람	사	호	미	스
리	슴	랑	나	조
고	미	펭	권	민

기린	고래	사슴	펭귄

교통수단

비	활	가	수	밀
행	버	스	박	복
기	레	키	기	여
자	문	차	고	객
을	네	고	물	선

버스	여객선	비행기	기차

운동

수	학	풍	농	구
영	어	경	전	지
로	축	방	울	영
야	화	구	친	족
구	름	출	구	서

수영	축구	야구	농구

포함하는 말과 포함되는 말 2

가구

 침대

 책상

 의자

 옷장

악기

 바이올린

 피아노

 가야금

 단소

과일

 딸기

 수박

 포도

 귤

학용품

 연필

 공책

 필통

 자

가구점에서 침대, 책상, 의자, 옷장을 구경하였다.

바이올린과 피아노는 외국의 악기이고,

가야금과 단소는 우리나라의 악기이다.

나는 과일 중에서 딸기와 수박을 좋아하고,

포도와 귤을 싫어한다.

연필, 공책, 필통, 자는 학용품이다.

다음 상의어에 알맞은 하의어를 보기 에서 골라 써 보세요.

보기

침대　　딸기　　공책　　바이올린　　피아노

단소　　귤　　의자　　포도　　옷장

연필　　가야금　　필통　　수박　　자　　책상

가구

악기

과일

학용품

포함하는 말과 포함되는 말 3

직업

요리사

소방관

가수

의사

계절

봄

여름

가을

겨울

색깔

빨간색

주황색

연두색

보라색

음식

김밥

떡볶이

떡국

팥죽

요리사, 소방관, 가수, 의사처럼 다양한 직업이 있다.

계절은 봄, 여름, 가을, 겨울을 말한다.

내가 좋아하는 색깔은 빨간색, 주황색, 연두색,

보라색이다.

나는 음식 중에서 김밥, 떡볶이, 떡국을 좋아하고

팥죽을 싫어한다.

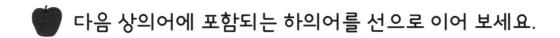 다음 상의어에 포함되는 하의어를 선으로 이어 보세요.

① **직업** •   • 봄, 여름, 가을, 겨울

② **계절** •   • 요리사, 소방관, 가수, 의사

③ **음식** •   • 김밥, 떡볶이, 떡국, 팥죽

④ **색깔** •   • 빨간색, 주황색, 연두색, 보라색

4. 동음이의어

소리는 같지만, 뜻이 다른 낱말을 뜻해요.

소리는 같고, 뜻이 다른 말 1

김

액체가 열을 받아서 기체로 변한 **김**

바다에서 나는 **김**

말

생각이나 느낌을 표현하는 **말**

포유류 동물 **말**

배

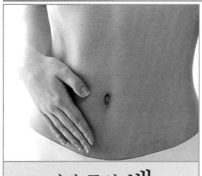

사람 몸의 **배**

물에 떠다니는 **배**

배나무 열매 **배**

밥에서 김이 모락모락 났다.

밥을 김에 싸서 먹다.

아기가 엄마라고 말했어요.

조랑말은 제주도에 많아요.

점심을 많이 먹어서 배가 불렀다.

배를 타고 강을 건너다.

배가 맛있게 익었다.

🍎 다음 사진이 공통으로 나타내는 낱말을 써 보세요.

①

✏️ _ _ _ _ _ _ _ _ _ _ _ _ _

②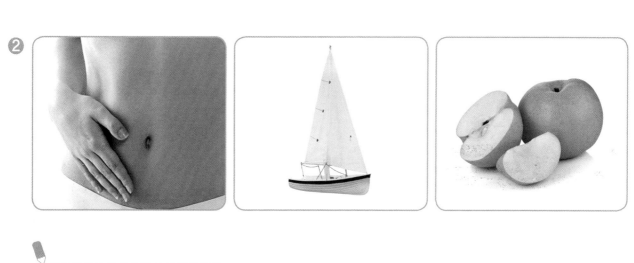

✏️ _ _ _ _ _ _ _ _ _ _ _ _ _

소리는 같고, 뜻이 다른 말 2

풀

종이를 붙이는 끈끈한 **풀**

땅에서 자라는 **풀**

사과

사과나무 열매 **사과**

잘못을 인정하고 용서를 비는 **사과**

차

사람과 짐을 싣는 **차**

7 - 5 = **2**

수와 수를 뺀 나머지 **차**

차나무의 잎을 달인 물 **차**

색종이에 풀을 발랐다.

땅에서 풀이 돋아났다.

사과가 빨갛게 익었다.

내가 먼저 친구에게 사과했어요.

아빠께서 하얀 차를 새로 사셨다.

7과 5의 차는 2이다.

손님에게 따뜻한 차를 대접하다.

다음은 낱말 '차'의 다른 뜻을 설명한 것입니다. 아래 밑줄 친 '차'가 어떤 뜻으로 쓰였는지 번호를 써 보세요.

❶차
바퀴가 굴러서 나아가게 되어 있는, 사람이나 짐을 실어 옮기는 기관.

❷차
어떤 수나 식에서 다른 수나 식을 뺀 나머지.

❸차
차나무의 어린잎을 달이거나 우린 물.

• <u>차</u>에서 내려서 걸어갔다.   (   )

• 10과 7의 <u>차</u>는 30이다.   (   )

• <u>차</u>를 끓이다.   (   )

소리는 같고, 뜻이 다른 말 3

밤

해가 져서 어두워진 때 **밤**

밤나무 열매 **밤**

연기

불에 탈 때 나는 흐릿한 기체 **연기**

배우가 다른 인물을 표현하는 **연기**

눈

물체를 보는 **눈**

하늘에서 내리는 **눈**

풀과 나무의 싹 **눈**

✏️ 다음 문장을 바르게 따라 써 보세요.

가로등은 깜깜한 밤을 밝혀 준다.

올해는 밤이 많이 열렸다.

굴뚝에서 연기가 모락모락 피어올랐다.

연극에서 백설 공주를 연기했다.

내 눈은 엄마와 닮았다.

눈이 펑펑 내려 온 세상이 하얗게 변했다.

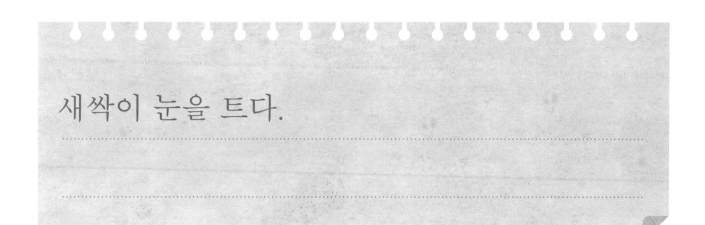

새싹이 눈을 트다.

🍎 다음 사진이 공통으로 나타내는 낱말을 써 보세요.

 - - - - - - - - - - - - - -

⭐ 빈칸에 알맞은 낱말을 써 보세요.

❶ 연극에서 콩쥐를  했다.

❷ 방 안에  가 가득했다. "불이야!" 하고 외쳤다.

소리는 같고, 뜻이 다른 말 4

차다

공간에 무엇이 가득하게 된 상태 **차다**

발로 내어 지르는 **차다**

치다

바람, 비, 눈이 세차게 뿌리는 **치다**

손이나 물건으로 세게 부딪게 하는 **치다**

발

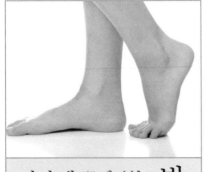

다리 맨 끝에 있는 **발**

문에 치는 **발**

가늘고 긴 물체 **발**

거실에 향기로운 꽃향기가 가득 찼다.

골문을 향해 축구공을 힘껏 찼다.

눈보라가 치는 밤이었다.

4번 타자가 멋지게 공을 쳤다.

군인들은 발을 맞추어 행진했다.

문에 발을 늘어뜨려 놓았다.

국수의 발이 가늘다.

🍎 다음 말풍선의 밑줄 친 곳에 알맞은 낱말을 써 보세요.

❶

희수야, 내 ___을 밟았어.

엄마, 저게 뭐예요?

저건 ___이란다.

국수의 ___이 참 가늘다!

❷

잔에 물이 가득 ___어!

내가 공을 ___게!

5. 다의어

- 두 가지 이상의 뜻을 가진 낱말을 뜻해요.

뜻이 여럿인 말 1

먹다

음식을 입으로 **먹다**

마음을 **먹다**

나이를 **먹다**

마르다

빨래가 **마르다**

목이 **마르다**

몸이 **마르다**

내리다

눈, 비, 이슬이 **내리다**

차에서 **내리다**

열이 **내리다**

✎ 다음 문장을 바르게 따라 써 보세요.

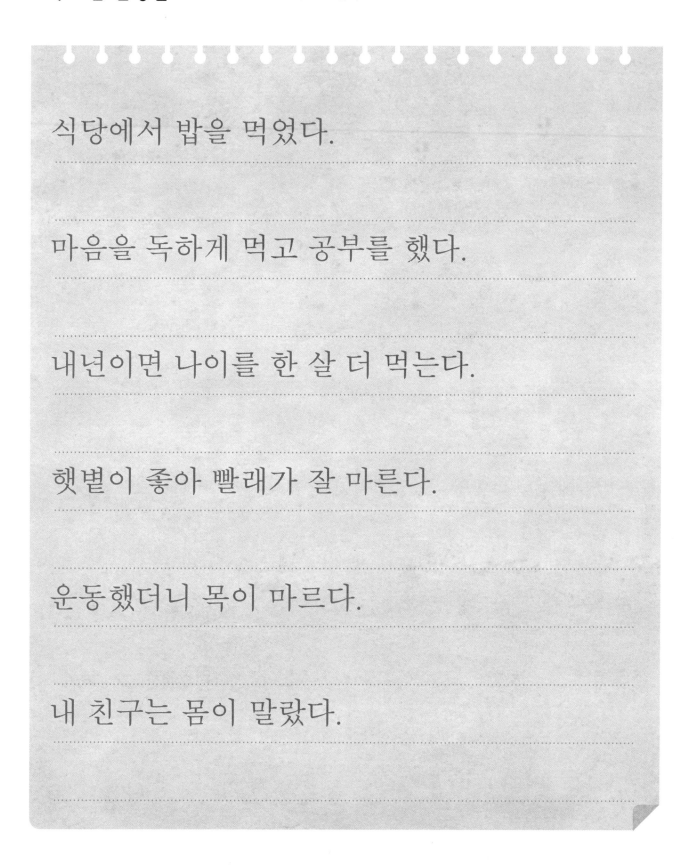

식당에서 밥을 먹었다.

마음을 독하게 먹고 공부를 했다.

내년이면 나이를 한 살 더 먹는다.

햇볕이 좋아 빨래가 잘 마른다.

운동했더니 목이 마르다.

내 친구는 몸이 말랐다.

창밖에 눈이 내리다.

차가 멈춘 뒤에 내려 주세요.

해열제를 먹었으니 곧 열이 내릴 거야.

🍎 빈칸에 들어갈 알맞은 낱말을 [보기] 에서 골라 써 보세요.

[보기]

넘치다   마르다   퍼지다   오르다   내리다

❶

목이	강물이	몸이

❷

눈이	버스에서	열이

뜻이 여럿인 말 2

머리

목 위의 부분 **머리**

생각하는 능력 **머리**

머리카락을 뜻하는 **머리**

손

팔목 끝에 달린 **손**

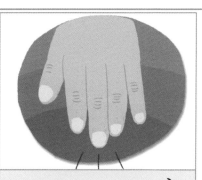

손가락을 나타내는 **손**

일하는 **손**

다리

몸통 아래 있는 **다리**

물체를 받치는 **다리**

안경의 귀에 거는 부분 **다리**

✏️ 다음 문장을 바르게 따라 써 보세요.

머리에 빨간 모자를 썼다.

머리가 좋아서 공부를 잘한다.

미용실에서 머리를 잘랐다.

친구의 손을 꼭 잡았다.

손에 반지를 꼈다.

손이 부족하다.

다리에 상처가 났어요.

책상다리는 네 개이다.

안경다리가 부러졌다.

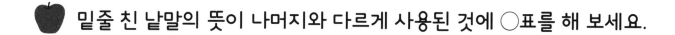 밑줄 친 낱말의 뜻이 나머지와 다르게 사용된 것에 ○표를 해 보세요.

❶

- 책상<u>다리</u>에 걸려 넘어졌다.
- <u>다리</u>에 쥐가 났다.
- 사람의 <u>다리</u>는 두 개다.
- 그 사람의 <u>다리</u>는 무척 가늘다.

❷

- <u>손</u>을 흔들며 작별 인사를 했다.
- 두 <u>손</u>을 꼭 쥐다.
- <u>손</u>이 모자라서 일이 늦어졌다.
- <u>손</u>을 쭉 뻗다.

뜻이 여럿인 말 3

꿈

잠자는 동안 꾸는 **꿈**

실현하고 싶은 희망 **꿈**

빠지다

물, 구덩이 속으로 **빠지다**

잠에 **빠지다**

사랑에 **빠지다**

깎다

칼로 물건의 표면을 **깎다**

풀이나 털을 **깎다**

값을 **깎다**

꿈에서 돼지를 보았다.

나의 꿈은 과학자가 되는 것이다.

반지가 연못에 빠졌다.

금세 잠에 빠졌어요.

공주와 왕자는 사랑에 빠졌지요.

아침마다 사과를 깎아 먹어요.

잔디를 깎으니 마당이 깨끗해졌다.

시장에서 콩나물 가격을 깎았어요.

다음은 낱말 '깎다'의 다양한 뜻을 설명한 것입니다. 밑줄 친 '깎다'가
어떤 뜻으로 쓰였는지 번호를 써 보세요.

깎다

❶ 칼로 물건의 거죽이나 표면을 얇게 벗겨 내다.
❷ 풀이나 털을 잘라 내다.
❸ 값이나 금액을 낮추어서 줄이다.

• 칼로 날밤을 <u>깎다</u>.   (   )
• 값을 천 원이나 <u>깎았다</u>.   (   )
• 짧게 <u>깎은</u> 머리가 제법 어울렸다.   (   )

뜻이 여럿인 말 4

귀

소리를 듣는 **귀**

모가 난 물건의 모서리 **귀**

고치다

고장 난 물건을 **고치다**

병을 **고치다**

잘못된 것을 **고치다**

맵다

고추의 맛이 **맵다**

날씨가 추워서 **맵다**

연기 때문에 눈이 **맵다**

다음 문장을 바르게 따라 써 보세요.

귀에 대고 속삭였다.

책상의 귀가 부서지다.

고장 난 자전거를 고치다.

병을 완전히 고쳤다.

답을 2번에서 3번으로 고쳤다.

오빠가 만든 떡볶이는 너무 맵다.

겨울바람이 맵다.

장작이 타자 매운 연기가 났다.

🍎 빈칸에 공통으로 들어갈 낱말을 보기 에서 골라 써 보세요.

보기

차서(차다)   매워서(맵다)   고쳐서(고치다)

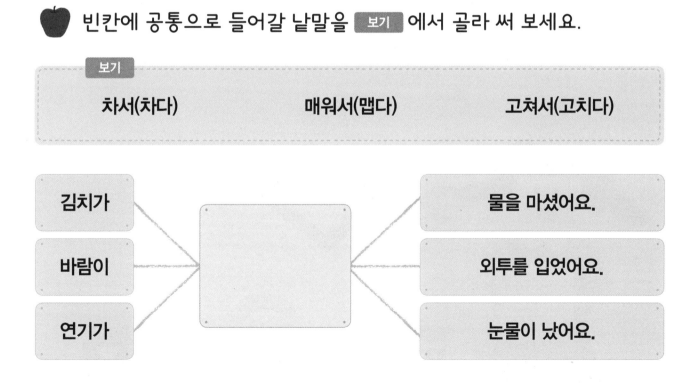

6. 의성어·의태어

의성어는 소리를 흉내 낸 낱말,
의태어는 사물의 모양이나 움직임을
흉내 낸 낱말이에요.

소리나 모양을 흉내 낸 말1

반짝반짝

끄덕끄덕

폴짝폴짝

지글지글

싹둑싹둑

쿨쿨

북극성이 반짝반짝 빛나요.

고개를 끄덕끄덕 흔들었다.

개구리는 폴짝폴짝 뛰어요.

삼겹살이 지글지글 익고 있어요.

머리를 싹둑싹둑 자르다.

준수는 쿨쿨 코를 골며 잤다.

🍎 빈칸에 알맞은 글자를 넣어 모양을 흉내 내는 말을 완성해 보세요.

① ⬜ 짝 반 ⬜

② 폴 ⬜ ⬜ 짝

③ ⬜ 덕 ⬜ 덕

⭐ 다음 글자를 이용하여 소리를 흉내 내는 말을 써 보세요.

싹 쿨 지 둑 글

쿨 글 둑 싹 지

소리나 모양을 흉내 낸 말 2

아장아장

꼬불꼬불

오물오물

아삭아삭

꼬끼오

꼬르륵

새끼 오리가 아장아장 걸어요.

라면은 면발이 꼬불꼬불하다.

아기가 밥을 오물오물 먹어요.

김치가 아삭아삭 맛있게 익었다.

닭은 꼬끼오 울어요.

배에서 꼬르륵 소리가 나다.

다음 사진을 보고 연상되는 모양을 흉내 내는 말을 써 보세요.

①

②

③

 빈칸에 알맞은 글자를 넣어 소리를 흉내 내는 말을 완성해 보세요.

① 아 　 　 삭

② 꼬 　 오

③ 　 르 　

70

소리나 모양을 흉내 낸 말 3

방긋방긋

살랑살랑

뒤뚱뒤뚱

째깍째깍

딸랑딸랑

꿀꺽꿀꺽

✏️ 다음 문장을 바르게 따라 써 보세요.

순희는 방긋방긋 웃어요.

봄바람이 살랑살랑 불어와요.

펭귄은 뒤뚱뒤뚱 걷는다.

시계가 째깍째깍 돌아갔다.

종이 딸랑딸랑 울리다.

물을 꿀꺽꿀꺽 마셨다.

빈칸에 알맞은 소리를 흉내 내는 말을 [보기]에서 골라 써 보세요.

| 꿀꺽꿀꺽 | 딸랑딸랑 | 째깍째깍 |

❶ 시계는 시침과 분침이 .... 소리를 내며 돌아가요.

❷ .... 소리를 내며 음료수를 마셨어요.

❸ 강아지가 .... 방울을 흔들며 다가왔어요.

⭐ 다음 낱말의 뜻에 알맞은 모양을 흉내 내는 말을 써 보세요.

❶ 입을 예쁘게 약간 벌리고 소리 없이 가볍게 웃는 모양.

➡ ☐ ☐ ☐ ☐

❷ 사늘한 바람이 가볍게 부는 모양. 또는 팔이나 꼬리를 가볍게 흔드는 모양.

➡ ☐ ☐ ☐ ☐

❸ 크고 묵직한 물체나 몸이 중심을 잃고 가볍게 기울어지며 흔들리는 모양.

➡ ☐ ☐ ☐ ☐

7. 합성어

둘 이상의 낱말이 합쳐져
새로운 뜻을 지닌 낱말이 되었어요.

두 낱말이 합쳐진 말1

돌다리

그림책

칼국수

물병

새우잠

김치찌개

돌다리도 두들겨 보고 건너자.

아빠는 그림책을 잘 읽어 주세요.

오늘 점심으로 칼국수를 먹었다.

물병에 물이 담겨 있다.

새우잠을 잤더니 허리가 아파요.

주방에서 매콤한 김치찌개 냄새가 풍겼다.

다음 사진을 보고 알맞은 합성어를 써 보세요.

①

②

③

④

⑤

⑥

두 낱말이 합쳐진 말 2

물고기

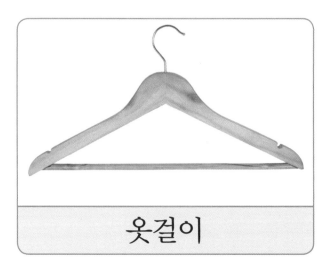

옷걸이

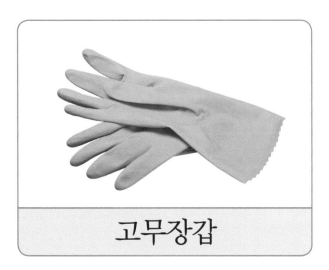

고무장갑

사과나무

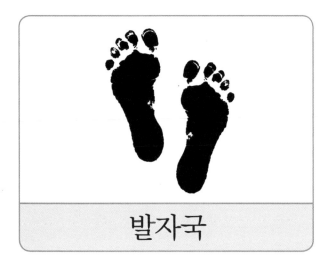

발자국

꽃잎

물고기는 물속에 살아요.

옷걸이에 외투를 걸다.

고무장갑을 끼고 설거지해요.

사과나무에 사과가 주렁주렁 열렸다.

눈 위에 발자국을 남겼다.

꽃잎이 바람에 흩날리다.

빈칸에 알맞은 낱말을 넣어 합성어를 만들어 보세요.

❶ 물 +

❷ + 걸 이

❸ 고 무 +

❹ 사 과 +

❺ + 자 국

❻ 꽃 +

두 낱말이 합쳐진 말 3

손수건

비눗방울

볶음밥

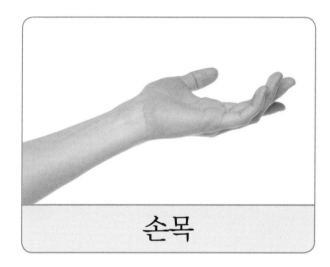

손목

책가방

이슬비

다음 문장을 바르게 따라 써 보세요.

주머니에서 손수건을 꺼냈다.

비눗방울을 크게 불어요.

밥과 김치를 넣어 볶음밥을 만들어요.

오빠는 손목에 검은색 시계를 찼어요.

책가방에 필통과 공책을 넣어요.

이슬비가 부슬부슬 내려요.

🍎 빈칸에 알맞은 낱말을 넣어 합성어를 만들어 보세요.

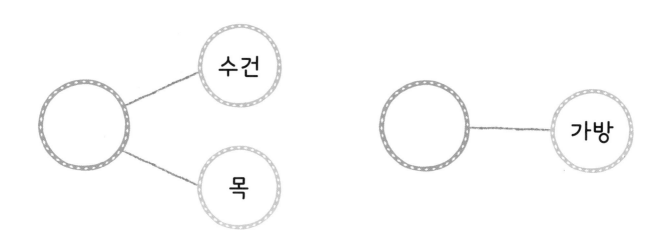

⭐ 다음 낱말 중에서 합성어에 ◯표를 해 보세요.

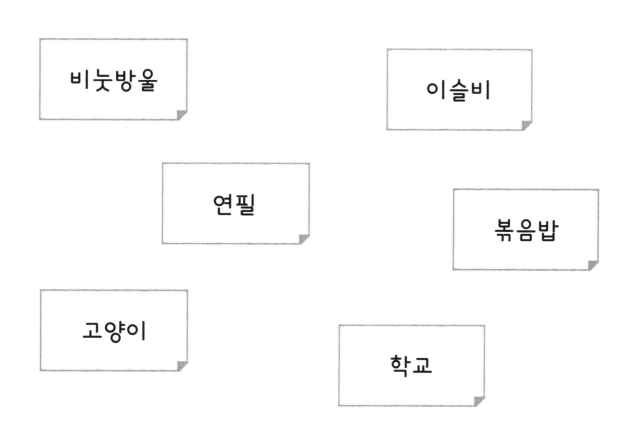

비눗방울

이슬비

연필

볶음밥

고양이

학교

8. 파생어

홀로 쓰이지 못하는 낱말(접사)과
뜻을 지닌 낱말이 합쳐진 낱말이에요.

낱말에 접사가 붙은 말1

덧 – : '거듭된' 또는 '겹쳐 신거나 입는'을 뜻해요.

덧니

덧신

덧저고리

– 질 : '도구를 가지고 하는 일'을 뜻해요.

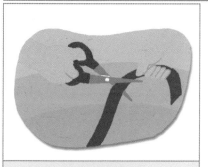

가위질

부채질

망치질

풋 – : '처음 나온' 또는 '덜 익은'을 뜻해요.

풋사과

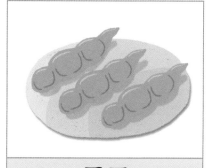

풋콩

풋김치

내 친구는 웃을 때 덧니가 보여요.

비가 오니 덧신을 신고 나가렴.

한복 저고리 위에 덧저고리를 입었다.

가위질로 색종이를 잘랐다.

땀 흘리는 동생에게 부채질해 주었어요.

망치질로 못을 박았다.

풋사과를 한 입 베어 물다.

풋콩을 넣고 밥을 짓다.

풋김치가 잘 익었다.

🍎 빈칸에 알맞은 접사를 넣어 파생어를 만들어 보세요.

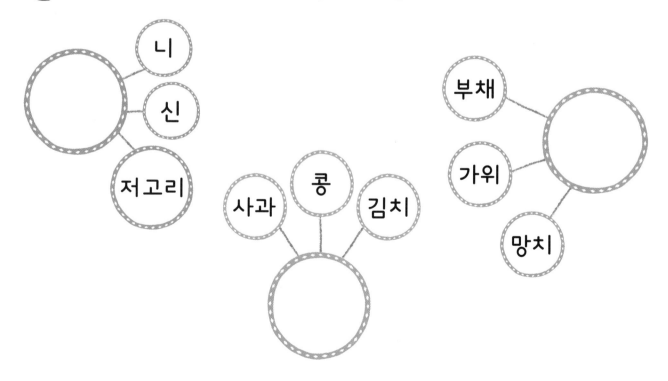

낱말에 접사가 붙은 말 2

단 – : '하나로 된' 또는 '혼자인'을 뜻해요.

단벌

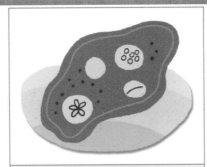
단세포

단신

– 꾼 : '어떤 일을 전문적으로 하는 사람'을 뜻해요.

소리꾼

나무꾼

낚시꾼

– 개 : '어떠한 행위를 하는 간단한 도구'를 뜻해요.

덮개

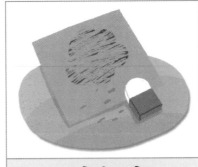
지우개

날개

우리 아빠는 단벌 신사이다.

세균은 단세포 생물이다.

그 사람은 가족이 없는 단신이다.

소리꾼의 판소리가 곳곳으로 울려 퍼졌다.

나무꾼은 선녀에게 옷을 돌려주었다.

낚시꾼이 큰 물고기를 낚았다.

항아리에 덮개를 씌우다.

지우개로 낙서를 지우다.

까치는 날개를 퍼덕이며 날았다.

🍎 다음 낱말 중에서 파생어를 찾아 색칠해 보세요.

단세포

단군

날개

개울

소리꾼

나무꾼

지우개

단신

신발 끈

낱말에 접사가 붙은 말 3

민 - : '그것이 없음'을 뜻해요.

민무늬

민소매

민머리

햇 - : '그 해에 난'을 뜻해요.

햇과일

햇감자

햇병아리

맨 - : '다른 것이 없는'을 뜻해요.

맨몸

맨땅

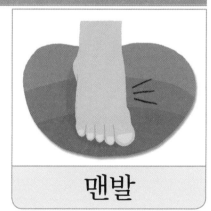
맨발

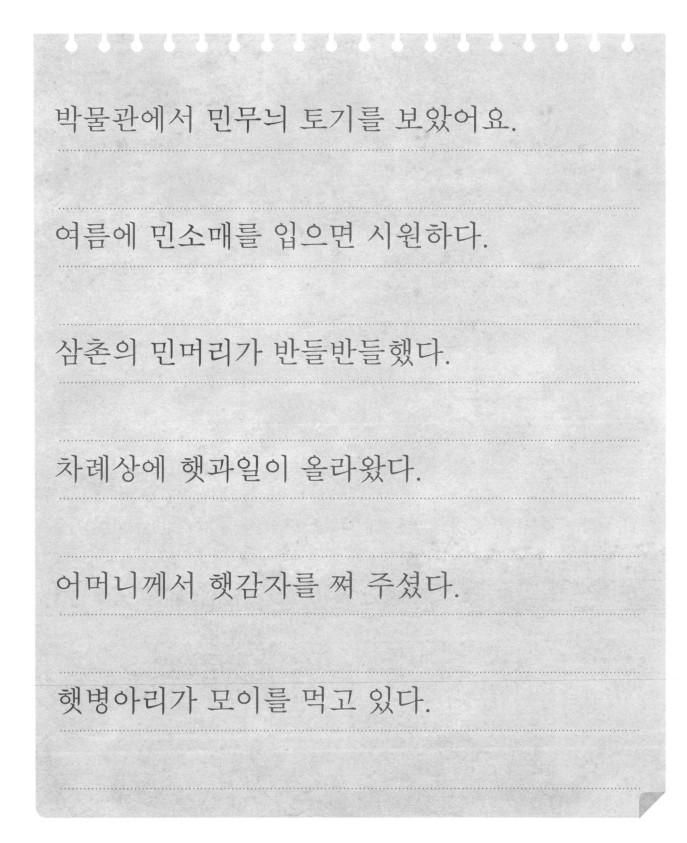

박물관에서 민무늬 토기를 보았어요.

여름에 민소매를 입으면 시원하다.

삼촌의 민머리가 반들반들했다.

차례상에 햇과일이 올라왔다.

어머니께서 햇감자를 쪄 주셨다.

햇병아리가 모이를 먹고 있다.

맨몸으로 연못에 뛰어들었다.

맨땅에 앉았다.

나는 맨발로 잔디밭을 뛰어다녔다.

🍎 서로 합쳐져 낱말이 될 수 있는 것끼리 선으로 이어 보세요.

① 햇 –

② 맨 –

③ 민 –

• 감자

• 발

• 소매

• 병아리

• 무늬

• 땅

9. 고유어

옛날부터 전해 내려오는 순수한 우리말이에요.

순수한 우리말1

보름달

이슬

눈보라

달걀

이불

진달래

추석에는 보름달이 뜬다.

잎사귀 위에 이슬이 맺혔다.

창밖에 눈보라가 휘몰아쳤다.

찜질방에서 먹는 달걀은 정말 맛있다.

이불을 덮으면 따뜻하다.

봄이 되면 진달래가 펴요.

낱말의 뜻을 읽고 알맞은 사진과 선으로 이어 보세요.

❶ **눈보라**: 바람에 불리어 휘몰
아쳐 날리는 눈.

❷ **이슬**: 공기 중의 수증기가 기
온이 내려가거나 찬 물
체에 부딪힐 때 엉겨서
생기는 물방울.

❸ **보름달**: 음력 보름날 밤에 뜨
는 둥근달.

❹ **달걀**: 닭이 낳은 알.

❺ **이불**: 잘 때 몸을 덮기 위하
여 천으로 만든 침구.

순수한 우리말 2

아버지

어머니

하늘

바다

샛별

바람

✏️ 다음 문장을 바르게 따라 써 보세요.

우리 아버지께서는 소방관이세요.

어머니와 함께 여행을 갔다.

하늘에서 별똥별이 떨어지다.

노인은 아침 일찍 바다로 나갔다.

샛별은 동쪽 하늘에 떠 있어요.

바람에 모자가 날려 갔다.

다음 고유어를 찾아 ◯표를 해 보세요.

아버지		어머니		하늘	
바다		샛별		바람	

색	울	릭	학	바	다	신
아	교	라	구	지	미	점
버	실	하	물	세	보	마
지	진	실	할	먼	드	고
규	칙	어	머	나	마	음
피	우	해	샛	대	어	워
교	집	정	별	휴	머	따
선	하	개	리	에	니	행
학	루	늘	물	초	유	제
단	회	고	부	자	바	산
위	탕	카	향	양	서	람

순수한 우리말 3

무지개

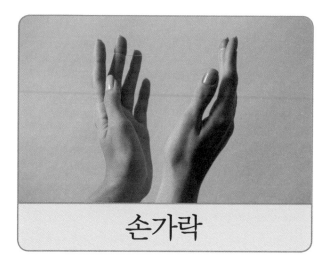

손가락

가위

마루

여울

국수

비가 그치고 무지개가 떴다.

손가락에 상처가 났다.

가위로 종이를 오렸다.

북한산 마루에 해가 걸려 있다.

징검다리가 여울을 따라 놓여 있었다.

오늘 점심 식단은 국수이다.

🍎 낱말의 뜻을 읽고 알맞은 고유어를 보기 에서 골라 써 보세요.

보기
| 국수 | 가위 | 손가락 | 무지개 |

❶ 손끝의 다섯 개로 갈라진 부분. ➡

❷ 옷감, 종이, 머리털을 자르는 기구. ➡

❸ 공중에 떠 있는 물방울이 햇빛을 받아
일곱 빛깔의 줄로 나타나는 것. ➡

❹ 밀가루 반죽을 손이나 기계로 가늘고
길게 뽑아낸 식품. ➡

⭐ 다음 낱말 중에서 고유어에 ○표를 해 보세요.

축구

학교

사진

마구간

마루

여울

10. 한자어

한자로 만들어진 말이에요.

한자로 된 말1

학교(學校)

소풍(逍風)

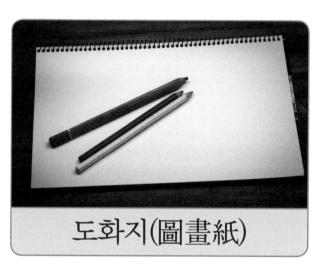

도화지(圖畫紙)

책(冊)

편지(便紙)

선물(膳物)

✏️ 다음 문장을 바르게 따라 써 보세요.

우리 학교에는 체육관이 있다.

공원으로 소풍을 갔다.

하얀 도화지에 새 한 마리를 그리다.

도서관에서 책을 빌리다.

친구에게 편지를 썼다.

할머니께 생신 선물로 목도리를 드렸다.

🍎 빈칸에 알맞은 한자어를 써 보세요.

❶ .... 종이 땡땡땡, 어서 모이자.

❷ 이번 생일 .... 로 운동화를 받고 싶어.

❸ 어버이날에 부모님께 감사 .... 를 쓰자.

❹ 온 가족이 교외로 .... 을 갔다.

⭐ 다음 낱말의 뜻을 읽고 알맞은 한자어와 선으로 이어 보세요.

❶ 그림을 그리는 데 쓰는 종이. •   • 편지

❷ 종이를 여러 장 묶어 맨 물건. •   • 도화지

❸ 안부, 소식, 용무를 적어
보내는 글. •   • 책

한자로 된 말 2

수학(數學)

세수(洗手)

시작(始作)

인형(人形)

교실(教室)

공부(工夫)

✏️ 다음 문장을 바르게 따라 써 보세요.

이번 수학 시험은 너무 어려웠다.

세수를 깨끗이 하다.

연주회가 시작되었다.

곰 인형을 선물 받았다.

모두 교실로 돌아갔다.

도서관에서 국어 공부를 했다.

다음 물음을 읽고 맞는 것은 ○, 틀린 것은 ✕로 선택해 보세요.

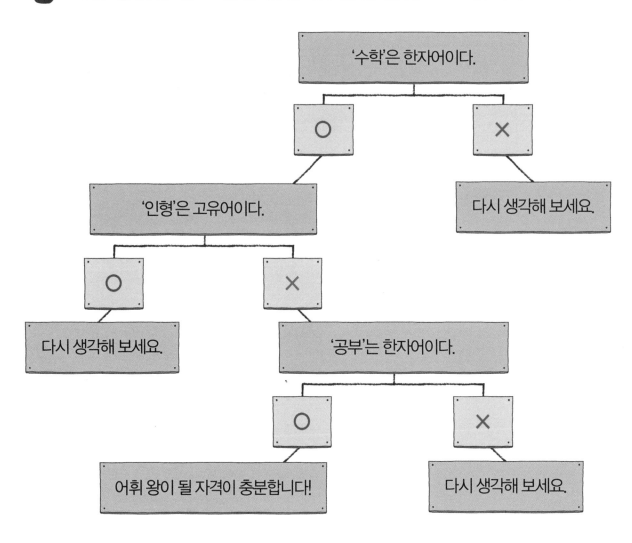

다음 낱말 중에서 한자어에 ○표를 해 보세요.

한자로 된 말 3

시간(時間)

우산(雨傘)

월요일(月曜日)

모자(帽子)

축하(祝賀)

생일(生日)

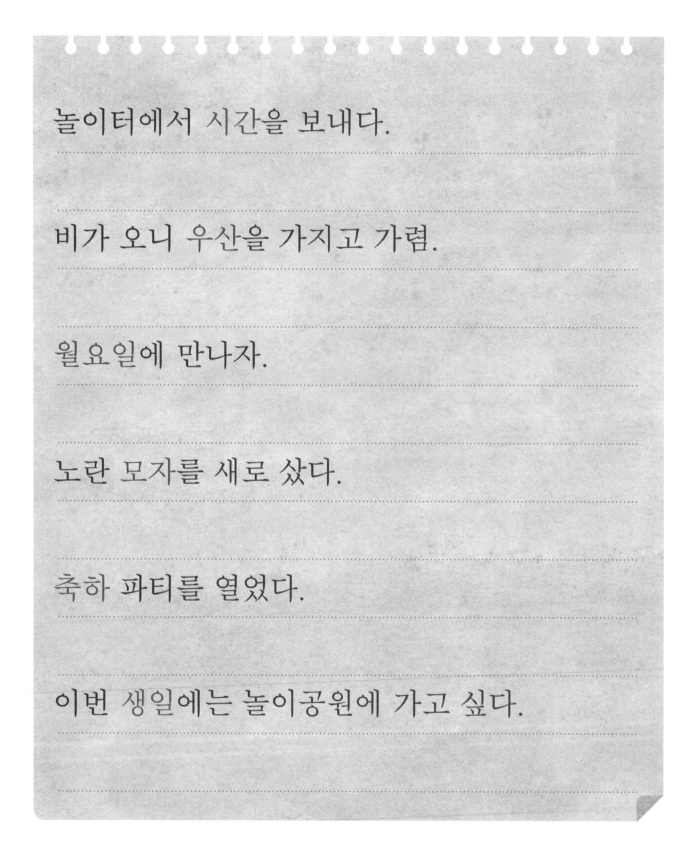

다음 문장을 바르게 따라 써 보세요.

놀이터에서 시간을 보내다.

비가 오니 우산을 가지고 가렴.

월요일에 만나자.

노란 모자를 새로 샀다.

축하 파티를 열었다.

이번 생일에는 놀이공원에 가고 싶다.

다음 낱말의 뜻을 읽고, 초대장의 빈칸에 알맞은 한자어를 써 보세요.

초대장

인성아, 안녕?

❶ [ ][ ][ ] 은 내 ❷ [ ][ ] 이야.

우리 집에 와서 축하해 줄래?

너와 함께 즐거운 ❸ [ ][ ] 을 보내고 싶어!

꼭 오길 바랄게.

날짜: 5월 24일, 오후 3시

장소: 장미 아파트 10동 305호

❶ 한 주가 시작하는 기준이 되는 날.   ❷ 세상에 태어난 날.
❸ 어떤 시각에서 어떤 시각까지의 사이.

 다음 사진 중에서 한자어로 된 사물에 ○표를 해 보세요.

11. 외래어

외국에서 들어온 말이
우리말처럼 쓰이는 것이에요.

외국에서 들어온 말1

로봇(robot)

케이크(cake)

컴퓨터(computer)

샤워(shower)

커피(coffee)

텔레비전(television)

로봇 장난감을 가지고 싶다.

딸기 케이크가 먹음직스러워 보인다.

최신 컴퓨터를 샀다.

따뜻한 물로 샤워했다.

커피는 색깔이 검고, 맛이 쓰다.

텔레비전에 내가 나왔으면 정말 좋겠다.

다음 외래어에 알맞은 사진을 선으로 이어 보세요.

① 로봇 •

② 케이크 •

③ 컴퓨터 •

④ 샤워 •

⑤ 커피 •

⑥ 텔레비전 •

외국에서 들어온 말 2

빵(pão)

스키(ski)

슈퍼마켓(supermarket)

주스(juice)

에어컨(air conditioner)

바나나(banana)

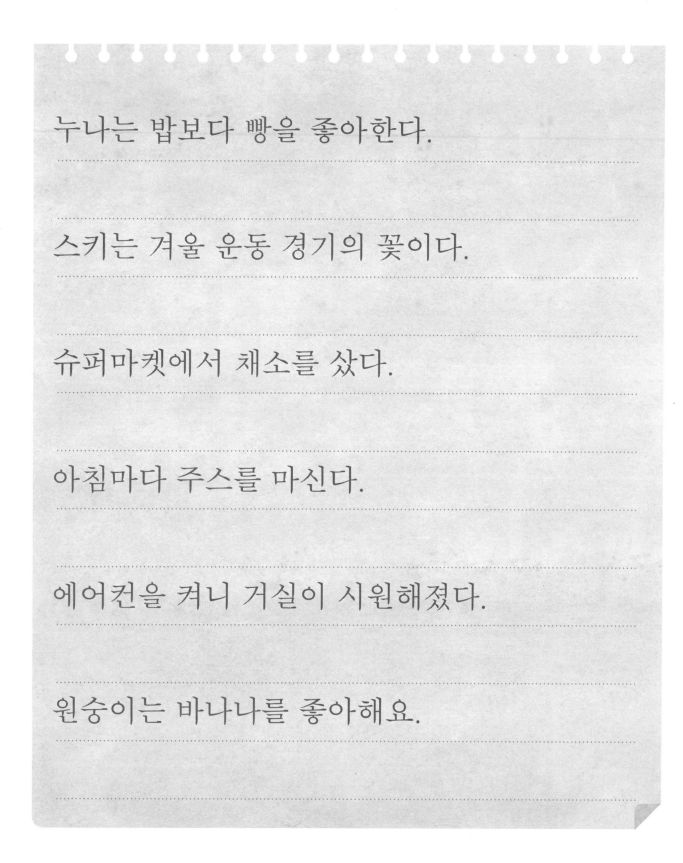

다음 문장을 바르게 따라 써 보세요.

누나는 밥보다 빵을 좋아한다.

스키는 겨울 운동 경기의 꽃이다.

슈퍼마켓에서 채소를 샀다.

아침마다 주스를 마신다.

에어컨을 켜니 거실이 시원해졌다.

원숭이는 바나나를 좋아해요.

다음 보드게임을 해서 출발로 되돌아가 보세요.

출발 ➡	'빵'은 고유어이다. 맞으면 3칸 이동, 틀리면 5칸 이동하세요.		뒤로 3칸 이동하세요.	
뒤로 5칸 이동하세요.				'주스'는 외래어이다. 맞으면 2칸 이동, 틀리면 4칸 이동하세요.
	'바나나'는 외래어이다. 맞으면 3칸 이동, 틀리면 2칸 이동하세요.	뒤로 3칸 이동하세요.	'에어컨'은 한자어이다. 맞으면 2칸 이동, 틀리면 3칸 이동하세요.	뒤로 1칸 이동하세요.

외국에서 들어온 말 3

커튼(curtain)

인터넷(internet)

피자(pizza)

햄버거(hamburger)

골프(golf)

소파(sofa)

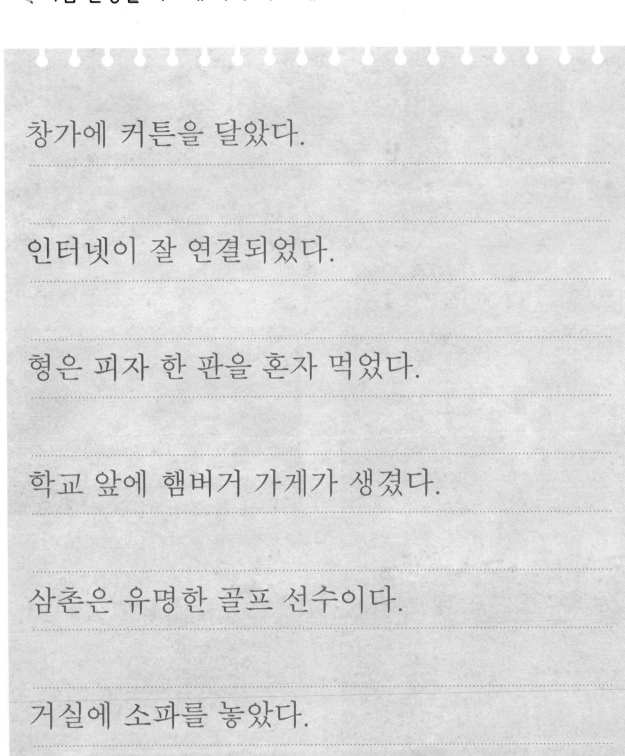

창가에 커튼을 달았다.

인터넷이 잘 연결되었다.

형은 피자 한 판을 혼자 먹었다.

학교 앞에 햄버거 가게가 생겼다.

삼촌은 유명한 골프 선수이다.

거실에 소파를 놓았다.

🍎 다음 낱말 중에서 외래어에 ○표를 해 보세요.

인터넷

피자

식탁

운동회

전화기

소파

커튼

부침개

축구

햄버거

골프

창문

⭐ 다음 사진을 보고 알맞은 외래어를 써 보세요.

① ② ③

123

12. 관용구

두 개 이상의 낱말이 모여
새로운 뜻을 나타내는 어구를 뜻해요.

새로운 뜻을 지닌 어구1

간이 붓다

강 건너 불구경

손이 크다

코가 납작해지다

귀가 얇다

잔뼈가 굵다

형에게 덤비다니 간이 부었구나.

친구들의 싸움에도 강 건너 불구경을 했다.

어머니는 손이 크셔서 음식을 푸짐하게 만드신다.

우리 팀이 축구 시합에 져서 코가 납작해졌다.

우빈이는 귀가 얇아서 거짓말에 잘 속는다.

그 요리사는 잔뼈가 굵어서 요리를 척척 만든다.

🍎 서로 어울리는 것끼리 선으로 이어 관용구를 완성해 보세요.

① 간이 •

② 강 •

③ 코가 •

④ 귀가 •

⑤ 손이 •

⑥ 잔뼈가 •

• 크다

• 붓다

• 납작해지다

• 건너 불구경

• 굵다

• 얇다

⭐ 빈칸에 들어갈 알맞은 관용구를 써 보세요.

① 감히 나한테 덤비다니 ....구나.

② 그 사람은 매번 거짓말에 잘 속아. 참, ...아.

③ 다음 경기에 꼭 이겨서 ....만들겠어.

새로운 뜻을 지닌 어구 2

간이 떨어지다

주먹을 불끈 쥐다

어깨가 올라가다

더위를 먹다

바가지를 쓰다

배꼽을 잡다

갑작스러운 경적에 간이 떨어질 뻔했다.

인성이는 주먹을 불끈 쥐며 결심했다.

선생님께 칭찬을 받아서 어깨가 올라갔다.

수아는 더위를 먹어서 걷기가 힘들었다.

노인들에게 바가지를 씌워 비싸게 팔았다.

동생의 농담에 모두 배꼽을 잡고 웃었다.

🍎 그림을 보고 다음 상황에 적절한 관용구를 써 보세요.

❶

❷

❸

새로운 뜻을 지닌 어구 3

꼬리를 내리다

날개 돋치다

귀를 기울이다

잔머리를 굴리다

코웃음을 치다

상다리가 부러지다

✏️ 다음 문장을 바르게 따라 써 보세요.

적군이 꼬리를 내리고 도망쳤다.

책이 날개 돋친 듯 팔렸다.

선생님의 말씀에 귀를 기울였다.

학원을 가지 않으려고 잔머리를 굴렸다.

숙희는 깔보는 듯 코웃음을 쳤다.

상다리가 부러지게 음식을 차렸다.

🍎 문장에서 밑줄 친 말과 바꾸어 쓸 수 있는 관용구를 써 보세요.

❶ 일본군은 조선군의 거북선을 보자, <u>기세가 꺾여</u> 모두 도망갔다.

✏️ --

❷ 새로 나온 텔레비전이 <u>빠른 속도로</u> 팔려 나갔다.

✏️ --

❸ 친구의 이야기에 <u>관심을 두고</u> 들었다.

✏️ --

⭐ 일기의 빈칸에 들어갈 알맞은 관용구를 써 보세요.

신나는 내 생일!

5월 24일 수요일
날씨: ☀️

오늘은 내 생일이었다.

엄마, 아빠께서 맛있는 음식을 많이 만들어주셨다.

식탁에는 딸기 케이크, 미역국, 갈비, 잡채, 치킨 등이 놓여 있었다.

오빠는 "⠀⠀⠀⠀⠀⠀⠀⠀⠀⠀⠀⠀⠀⠀⠀⠀⠀⠀⠀⠀."라며 부러워했다.

맛있는 음식을 만들어주신 엄마, 아빠 감사합니다!

정답

다음 낱말과 뜻이 비슷한 낱말을 빈칸에 써 보세요.

① 마을 ——— 동네

② 끈 ——— 줄

③ 꼬리 ——— 꽁무니

④ 가족 ——— 식구

⑤ 곤충 ——— 벌레

⑥ 밥 ——— 진지

다음 보드게임을 해서 출발로 되돌아가 보세요.

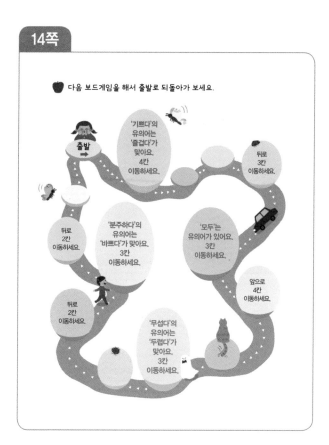

다음 낱말 중에서 뜻이 다른 낱말에 ○표를 해 보세요.

소원 / (소식) 바람

잎 / 잎사귀 (줄기)

얼굴 / (이마) 낯

마당 / 뜰 (울타리)

나이 / 연세 (나비)

(사다) / 수리하다 고치다

빈칸에 뜻이 반대되는 낱말을 써 보세요.

① 가 깝 다　VS　멀 다

② 빠 르 다　VS　느 리 다

③ 적 다　VS　많 다

④ 작 다　VS　크 다

⑤ 춥 다　VS　덥 다

⑥ 낮 다　VS　높 다

🍎 다음 낱말 중에서 뜻이 반대되는 낱말에 ○표를 해 보세요.

| 남자 VS 남성 **여자** | 켜다 VS **끄다** 잠그다 | 기쁘다 VS 웃다 **슬프다** |

⭐ 다음 물음을 읽고 맞는 것은 ○, 틀린 것은 ✕로 선택해 보세요.

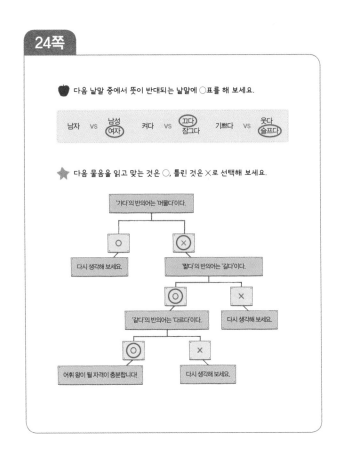

'가다'의 반의어는 '머물다'이다.

○ → 다시 생각해 보세요.

✕ → '짧다'의 반의어는 '길다'이다.

◎ → '같다'의 반의어는 '다르다'이다.

✕ → 다시 생각해 보세요.

◎ → 어휘 왕이 될 자격이 충분합니다!

✕ → 다시 생각해 보세요.

🍎 뜻이 반대되는 낱말끼리 짝을 지어 보세요.

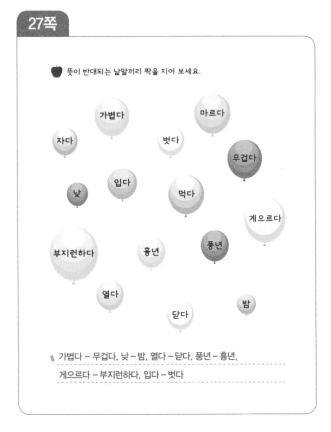

가볍다, 마르다, 자다, 벗다, 무겁다, 낮, 입다, 먹다, 게으르다, 부지런하다, 흉년, 풍년, 열다, 밤, 닫다

가볍다 – 무겁다, 낮 – 밤, 열다 – 닫다, 풍년 – 흉년, 게으르다 – 부지런하다, 입다 – 벗다

3. 상의어·하의어

🍎 다음 상의어에 포함되는 하의어를 찾아 ○표를 해 보세요.

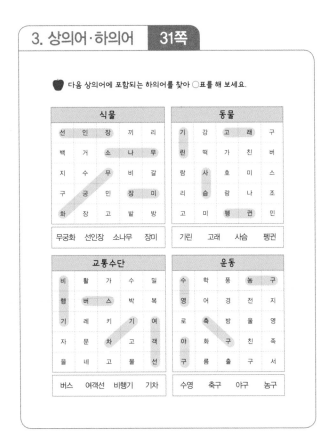

식물

선	인	장	끼	리
백	거	소	나	무
지	수	무	비	갈
구	궁	민	장	미
화	장	고	밭	방

무궁화 선인장 소나무 장미

동물

기	강	고	래	구
린	떡	가	친	버
람	사	호	미	스
리	슴	랑	나	조
고	미	펭	권	민

기린 고래 사슴 펭귄

교통수단

비	활	가	수	밀
행	버	스	박	복
기	레	키	기	여
자	문	차	고	객
을	네	고	물	선

버스 여객선 비행기 기차

운동

수	학	풍	농	구
영	어	경	전	지
로	축	방	울	영
야	화	구	친	족
구	름	출	구	서

수영 축구 야구 농구

🍎 다음 상의어에 알맞은 하의어를 보기 에서 골라 써 보세요.

보기
침대	딸기	공책	바이올린	피아노
단소	귤	의자	포도	옷장
연필	가야금	필통	수박	자	책상

가구

침대, 의자, 옷장, 책상

악기

바이올린, 피아노, 단소, 가야금

과일

딸기, 귤, 포도, 수박

학용품

공책, 연필, 필통, 자

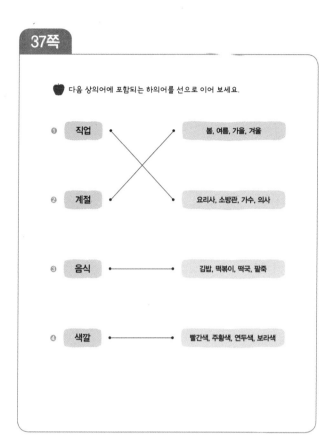

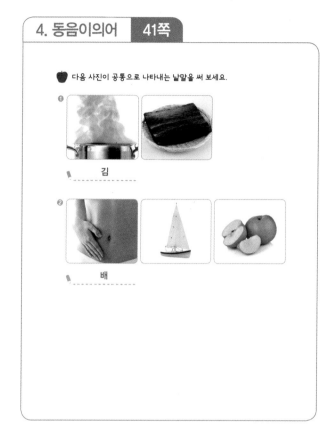

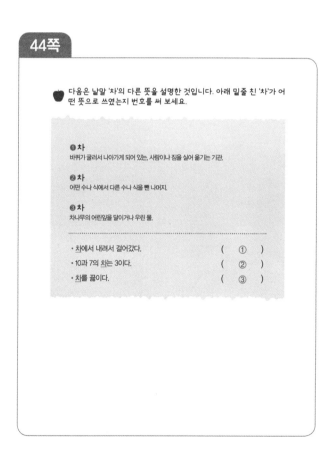

다음 말풍선의 밑줄 친 곳에 알맞은 낱말을 써 보세요.

빈칸에 들어갈 알맞은 낱말을 보기 에서 골라 써 보세요.

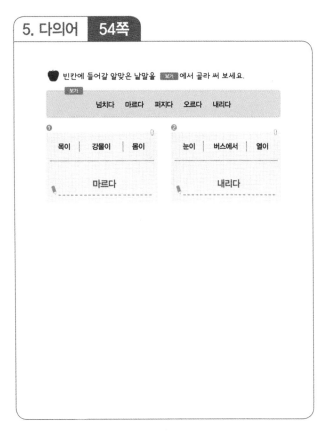

보기
넘치다　마르다　퍼지다　오르다　내리다

❶
| 목이 | 강물이 | 몸이 |

마르다

❷
| 눈이 | 버스에서 | 열이 |

내리다

밑줄 친 낱말의 뜻이 나머지와 다르게 사용된 것에 ◯표를 해 보세요.

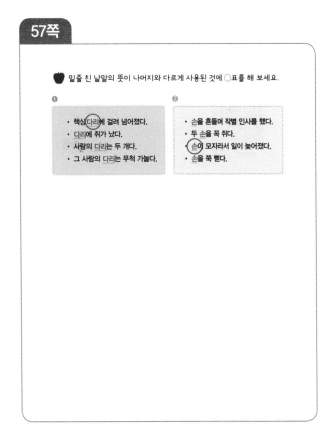

다음은 낱말 '깎다'의 다양한 뜻을 설명한 것입니다. 밑줄 친 '깎다'가 어떤 뜻으로 쓰였는지 번호를 써 보세요.

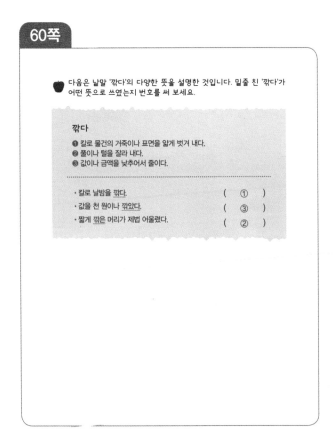

빈칸에 공통으로 들어갈 낱말을 [보기] 에서 골라 써 보세요.

보기
| 차서(차다) | 매워서(맵다) | 고쳐서(고치다) |

김치가
바람이
연기가

→ **매워서** →

물을 마셨어요.
외투를 입었어요.
눈물이 났어요.

빈칸에 알맞은 글자를 넣어 모양을 흉내 내는 말을 완성해 보세요.

① 반 짝 반 짝

② 폴 짝 폴 짝

③ 끄 덕 끄 덕

다음 글자를 이용하여 소리를 흉내 내는 말을 써 보세요.

| 싹 | 쿨 | 지 | 둑 | 글 |
| 쿨 | 글 | 둑 | 싹 | 지 |

싹둑싹둑, 쿨쿨, 지글지글

다음 사진을 보고 연상되는 모양을 흉내 내는 말을 써 보세요.

① 아장아장　② 꼬불꼬불　③ 오물오물

빈칸에 알맞은 글자를 넣어 소리를 흉내 내는 말을 완성해 보세요.

① 아 삭 아 삭

② 꼬 끼 오

③ 꼬 르 륵

빈칸에 알맞은 소리를 흉내 내는 말을 [보기] 에서 골라 써 보세요.

보기
| 꿀꺽꿀꺽 | 딸랑딸랑 | 째깍째깍 |

① 시계는 시침과 분침이 **째깍째깍** 소리를 내며 돌아가요.

② **꿀꺽꿀꺽** 소리를 내며 음료수를 마셨어요.

③ 강아지가 **딸랑딸랑** 방울을 흔들며 다가왔어요.

다음 낱말의 뜻에 알맞은 모양을 흉내 내는 말을 써 보세요.

① 입을 예쁘게 약간 벌리고 소리 없이 가볍게 웃는 모양.

→ 방 긋 방 긋

② 사늘한 바람이 가볍게 부는 모양. 또는 팔이나 꼬리를 가볍게 흔드는 모양.

→ 살 랑 살 랑

③ 크고 묵직한 물체나 몸이 중심을 잃고 가볍게 기울어지며 흔들리는 모양.

→ 뒤 뚱 뒤 뚱

다음 사진을 보고 알맞은 합성어를 써 보세요.

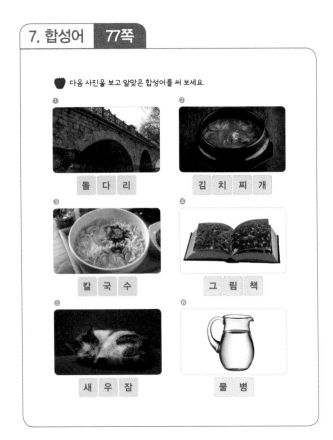

❶ 돌 다 리

❷ 김 치 찌 개

❸ 칼 국 수

❹ 그 림 책

❺ 새 우 잠

❻ 물 병

빈칸에 알맞은 낱말을 넣어 합성어를 만들어 보세요.

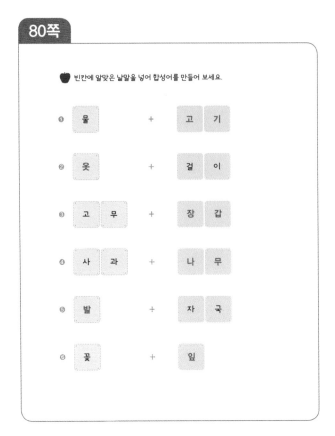

❶ 물 ＋ 고 기

❷ 옷 ＋ 걸 이

❸ 고 무 ＋ 장 갑

❹ 사 과 ＋ 나 무

❺ 발 ＋ 자 국

❻ 꽃 ＋ 잎

빈칸에 알맞은 낱말을 넣어 합성어를 만들어 보세요.

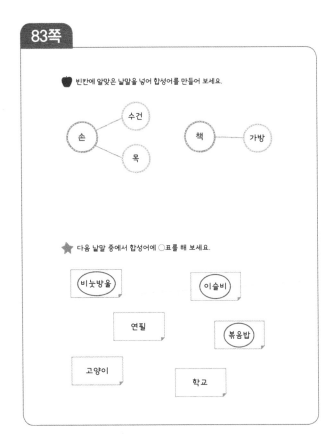

수건
손
목

책 ─ 가방

다음 낱말 중에서 합성어에 ○표를 해 보세요.

비눗방울

이슬비

연필

볶음밥

고양이

학교

빈칸에 알맞은 접사를 넣어 파생어를 만들어 보세요.

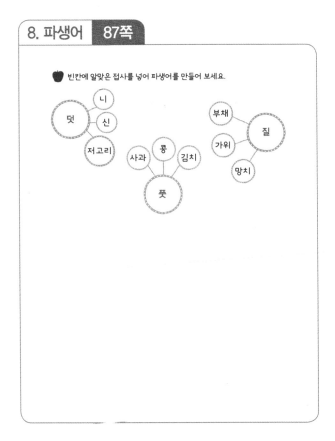

니
덧　신
저고리

부채
가위　질
망치

사과　콩　김치
풋

90쪽

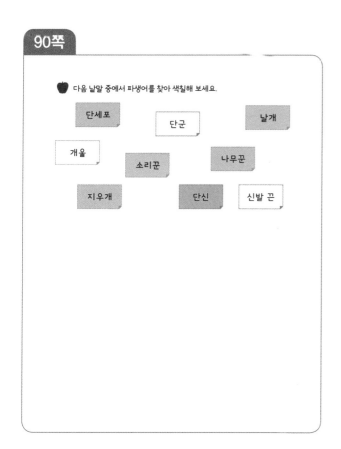

93쪽

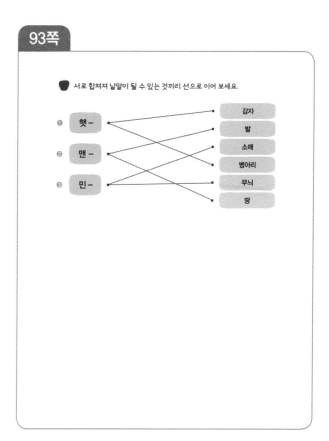

9. 고유어 **97쪽**

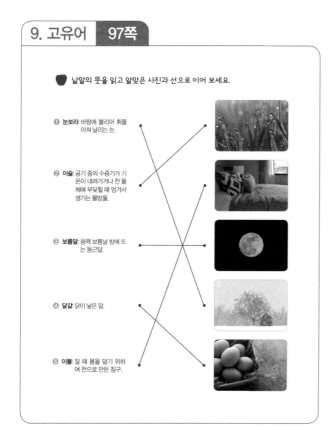

100쪽

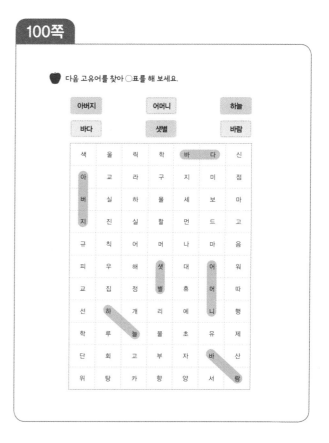

🍎 낱말의 뜻을 읽고 알맞은 고유어를 [보기]에서 골라 써 보세요.

보기			
국수	가위	손가락	무지개

❶ 손끝의 다섯 개로 갈라진 부분. ➡ 손 가 락

❷ 옷감, 종이, 머리털을 자르는 기구. ➡ 가 위

❸ 공중에 떠 있는 물방울이 햇빛을 받아 일곱 빛깔의 줄로 나타나는 것. ➡ 무 지 개

❹ 밀가루 반죽을 손이나 기계로 가늘고 길게 뽑아낸 식품. ➡ 국 수

⭐ 다음 낱말 중에서 고유어에 ◯표를 해 보세요.

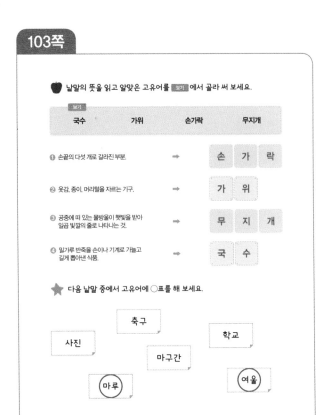

축구

사진

학교

마구간

마루

여울

🍎 빈칸에 알맞은 한자어를 써 보세요.

❶ 학교 종이 땡땡땡, 어서 모이자.

❷ 이번 생일 선물 로 운동화를 받고 싶어.

❸ 어버이날에 부모님께 감사 편지 를 쓰자.

❹ 온 가족이 교외로 소풍 을 갔다.

⭐ 다음 낱말의 뜻을 읽고 알맞은 한자어와 선으로 이어 보세요.

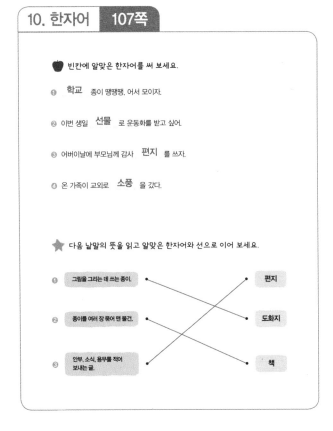

❶ 그림을 그리는 데 쓰는 종이. ● ● 편지

❷ 종이를 여러 장 묶어 맨 물건. ● ● 도화지

❸ 안부, 소식, 용무를 적어 보내는 글. ● ● 책

🍎 다음 물음을 읽고 맞는 것은 ◯, 틀린 것은 ✕로 선택해 보세요.

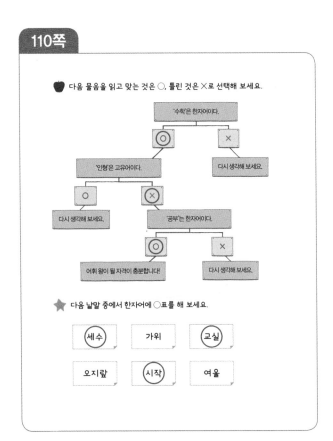

'수학'은 한자어이다.

◎　　✕

'인형'은 고유어이다.　다시 생각해 보세요.

◯　　⊗

다시 생각해 보세요.　'공부'는 한자어이다.

◎　　✕

어휘 왕이 될 자격이 충분합니다!　다시 생각해 보세요.

⭐ 다음 낱말 중에서 한자어에 ◯표를 해 보세요.

세수　　가위　　교실

오지랖　　시작　　여울

🍎 다음 낱말의 뜻을 읽고, 초대장의 빈칸에 알맞은 한자어를 써 보세요.

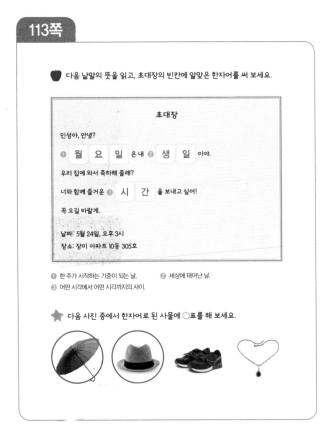

초대장

인성아, 안녕?

❶ 월 요 일 은 내 ❷ 생 일 이야.

우리 집에 와서 축하해 줄래?

너와 함께 즐거운 ❸ 시 간 을 보내고 싶어!

꼭 오길 바랄게.

날짜: 5월 24일, 오후 3시
장소: 장미 아파트 10동 305호

❶ 한 주가 시작하는 기준이 되는 날.　❷ 세상에 태어난 날.
❸ 어떤 시각에서 어떤 시각까지의 사이.

⭐ 다음 사진 중에서 한자어로 된 사물에 ◯표를 해 보세요.

142

다음 외래어에 알맞은 사진을 선으로 이어 보세요.

① 로봇
② 케이크
③ 컴퓨터
④ 샤워
⑤ 커피
⑥ 텔레비전

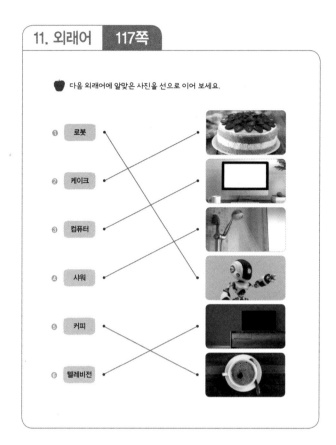

다음 보드게임을 해서 출발로 되돌아가 보세요.

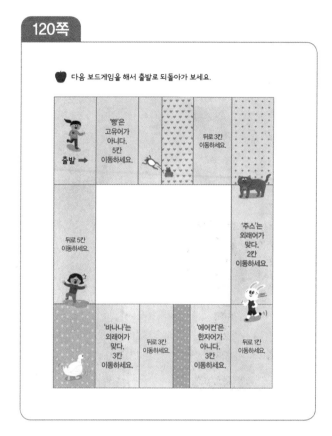

다음 낱말 중에서 외래어에 ○표를 해 보세요.

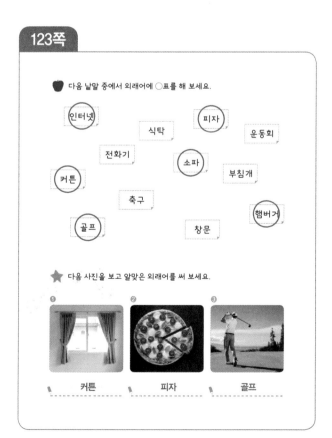

다음 사진을 보고 알맞은 외래어를 써 보세요.

① 커튼
② 피자
③ 골프

서로 어울리는 것끼리 선으로 이어 관용구를 완성해 보세요.

① 간이　　크다
② 강　　붓다
③ 코가　　납작해지다
④ 귀가　　건너 불구경
⑤ 손이　　굵다
⑥ 잔뼈가　　얇다

빈칸에 들어갈 알맞은 관용구를 써 보세요.

① 감히 나한테 덤비다니　간이 부었　구나.

② 그 사람은 매번 거짓말에 잘 속아. 참.　귀가 얇　아.

③ 다음 경기에 꼭 이겨서　코를 납작하게　만들겠어.

그림을 보고 다음 상황에 적절한 관용구를 써 보세요.

❶

으악, 귀신이다!

간이 떨어지다

❷

이번 시험은 기필코 백 점을 받겠어

주먹을 불끈 쥐다

❸

으하하 으하하!

배꼽을 잡다

문장에서 밑줄 친 말과 바꾸어 쓸 수 있는 관용구를 써 보세요.

❶ 일본군은 조선군의 거북선을 보자, 기세가 꺾여 모두 도망갔다.

꼬리를 내리다

❷ 새로 나온 텔레비전이 빠른 속도로 팔려 나갔다.

날개 돋치다

❸ 친구의 이야기에 관심을 두고 들었다.

귀를 기울이다

일기의 빈칸에 들어갈 알맞은 관용구를 써 보세요.

신나는 내 생일!

5월 24일 수요일
날씨: ☀

오늘은 내 생일이었다.
엄마, 아빠께서 맛있는 음식을 많이 만들어주셨다.
식탁에는 딸기 케이크, 미역국, 갈비, 잡채, 치킨 등이 놓여 있었다.
오빠는 " 상다리가 부러지다 "라며 부러워했다.
맛있는 음식을 만들어주신 엄마, 아빠 감사합니다!